Julie Birmant & Clément Oubrerie

PABLO

1. Max Jacob

Adaption: Jul
Farben: Sandra Desmazières

REPRODUKT

Aus dem Französischen von Claudia Sandberg
Redaktion: Heike Drescher
Korrektur: Gustav Mechlenburg
Lettering: Dirk Rehm

Der Abdruck der Gedichte von Paul Verlaine,
Arthur Rimbaud und Charles Baudelaire erfolgt
mit freundlicher Genehmigung des Reclam Verlags,
des Deutschen Taschenbuchverlags (dtv),
der Wissenschaftlichen Buchgesellschaft
und der Rimbaud Verlagsgesellschaft.

Gottschedstr. 4 / Aufgang 1
13357 Berlin

Copyright © 2013 Reprodukt für die deutsche Ausgabe
PABLO 1 – MAX JACOB
Copyright © DARGAUD 2012, by Birmant, Jul, Oubrerie
www.dargaud.com
All rights reserved
Originally published by Dargaud, 15-27 rue Moussorgski, 75018 Paris
Published by arrangement with Mediatoon Licensing
Herausgeber: Dirk Rehm
ISBN 978-3-943143-49-2
Herstellung: Klara Groß und Annemarie Otten
Druck: Drogowiec-PL, Kielce, Polen
Alle deutschen Rechte vorbehalten.
Erste Auflage: März 2013

www.reprodukt.com

Zur gleichen Zeit schritt ein junger Mann am Tag seines neunzehnten Geburtstags durch das monumentale Eingangstor der Weltausstellung.

Pablo Ruiz Picasso besuchte zum ersten Mal in seinem Leben Paris.

HE! SCHAU MAL, PABLO. SOGAR DIE STATUE ERWARTET UNS.*

OLÀ, MADEMOISELLE! DU HAST DOCH EINE PATIN GESUCHT: DIE WÄR DOCH WAS.

*In den grauen Sprechblasen wird Katalanisch gesprochen.

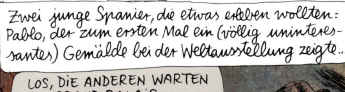

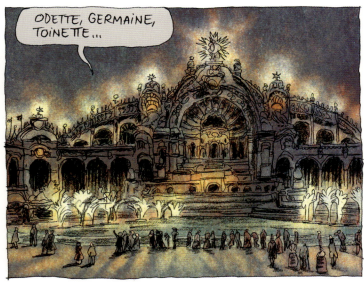

Olà Nonell! Hier ist es immer noch paradiesisch, außer dass Carles den Verstand verliert. Gerade jetzt, da die französische Polizei Jagd auf Anarchisten macht, werden uns seine Ausbrüche noch eine Ausweisung bescheren. Er säuft und zerlegt Stühle in Cafés... alles nur wegen einer Nutte vom Montmartre, die ihn – Gott weiß warum – völlig wahnsinnig macht! Du kannst dir den Zirkus hier vorstellen... Kurzum, ich glaube, wir sollten für eine Weile nach Hause kommen, bis er sich ein wenig gefangen hat.

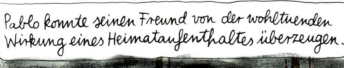
Pablo konnte seinen Freund von der wohltuenden Wirkung eines Heimataufenthaltes überzeugen.

Mädchen und Atelier vertrauten sie Manuel Pallarès an.

WENN ER GERMAINE ANFASST, BRING ICH IHN UM.

EINE KUNSTZEITSCHRIFT MÜSSTE MAN GRÜNDEN.

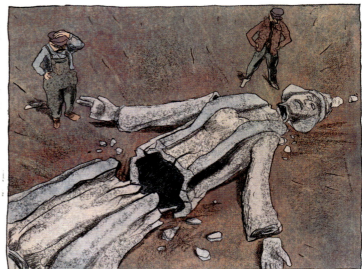

Am 25. Juni 1901 zeigt Picasso seine Gemälde in der angesehenen Galerie von Ambroise Vollard.

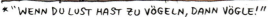

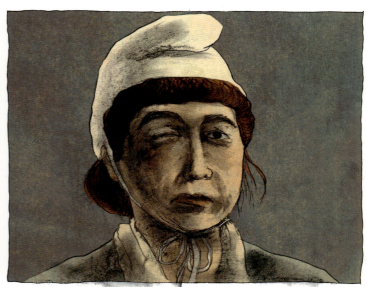

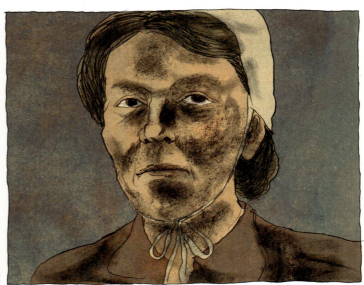

Das Modellsitzen war recht einträglich. Die Maler der Akademie hatten einen Narren an mir gefressen.

Henner malte nur Rothaarige...

Mac Ewen verkleidete mich als Holländerin und ließ mich Gemüse schälen.

Bordes, ein mondäner Porträtmaler, ließ mich in den Kleidern seiner vornehmen Kundschaft posieren.

Der alte Cormon, Alexis Axilette mit seiner V-förmigen Augenbraue, der schwachköpfige Carolus-Duran, Boldini, der dickbäuchige Sittenstrolch...

...Rochegrosse, der Wilhelm-Tell-Verschnitt mit der Obsession für Harems, Alfred Roll, das Eulengesicht, Dubufe, der feine Pinkel...

64

Das "Bateau-Lavoir"! Auf den ersten Blick konnte man es für ein ganz normales Haus halten. Doch sobald man eintauchte, war es ein richtiges Labyrinth mit dunklen Gängen auf vier Etagen, voller mysteriöser Winkel und feuchter Ecken.

Betrat man das Haus von der Place Ravignan, befand man sich schon in der obersten von drei Etagen.

Die Wasserpumpe

Der Garten gehörte einem Gemüsehändler, der einzige Mieter, der sich nicht für einen Künstler hielt.

Von der Spitze dieses Hügels konnte man stundenlang die Stadt betrachten... Dort wehte ein unglaublich frischer Wind.

Ich erinnere mich noch an den Geruch: eine Mischung aus Staub, Tabak und nassem Hund... der Geruch von Arbeit. Völlig anders als bei Laurent, der stundenlang über seine Arbeiten schwatzte und sich damit zufriedengab, Tücher über Skizzen zu hängen, die er nie beendete.

Wann hat er das alles nur gemalt? So viele Frauen...

KOMM!

KOMM MIT!

SCHAU MAL IN DIE SCHUBLADE...

Fortsetzung folgt